Cómo movemos las cosas

por Helen Gregory

Tabla de contenidos

Máquinas simples 2
Poleas 4
Palancas 6
Planos inclinados 8
Cuñas 10
Ruedas y ejes 12
Tornillos 14

Consultora:
Adria F. Klein, Ph.D.
California State University, San Bernardino

capstone
classroom
Heinemann Raintree • Red Brick Learning
division of Capstone

Máquinas simples

Las máquinas facilitan el trabajo.
Algunas máquinas tienen muchas partes.

Las máquinas simples tienen pocas partes. Las máquinas simples facilitan el trabajo, porque nos ayudan a empujar cosas, a jalar de ellas o a levantarlas.

Poleas

Las poleas son máquinas simples. Las poleas tienen ruedas y una cuerda que sirven para levantar, bajar o mover cosas pesadas.

Usamos poleas para levantar una bandera en un mástil.
También usamos poleas cuando levantamos las persianas de las ventanas.

Palancas

Las palancas son máquinas simples. Una palanca es una barra rígida que se apoya en un punto para levantar o mover cosas.

La abrochadora y la tijera son palancas. También el sube y baja es una palanca.

Planos inclinados

Los planos inclinados son máquinas simples. Un plano inclinado es una superficie oblicua que une algo que está en un nivel más bajo con algo en un nivel más alto.

Las escaleras son planos inclinados.
También los toboganes son planos inclinados.

Cuñas

Las cuñas son máquinas simples. Una cuña es un objeto con un borde grueso y un borde fino que intercepta o frena algo.

Las hachas y los cuchillos son cuñas.
También tus dientes son cuñas.

Ruedas y ejes

Las ruedas y los ejes son máquinas simples. Una varilla llamada eje pasa por el medio de una rueda. Juntos sirven para levantar o mover cargas.

Los palos de amasar tienen una rueda y un eje.
También las sillas de ruedas tienen ruedas y ejes.

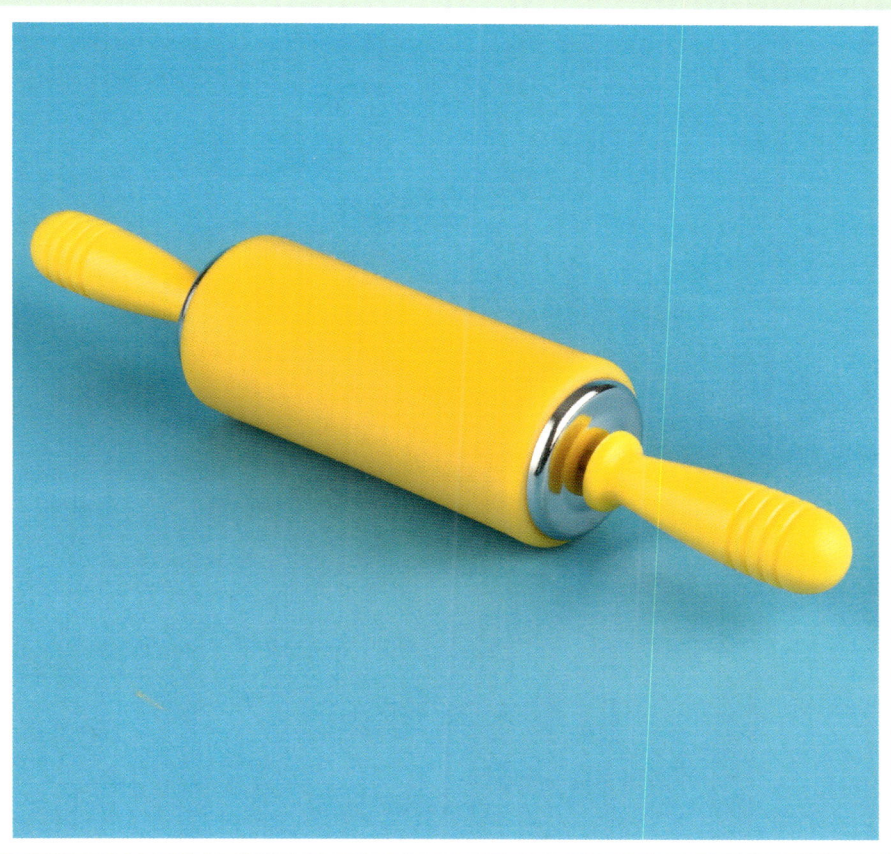

Tornillos

Los tornillos son máquinas simples. Un tornillo es una pieza con ranura y rosca en forma de espiral. Los tornillos sujetan cosas unas con otras.

Un foco de luz tiene un tornillo.
También la tapa de un frasco es como
un tornillo.

¿De qué manera has usado alguna máquina simple hoy?